BEI GRIN MACHT SICH IHR WISSEN BEZAHLT

AF137204

- Wir veröffentlichen Ihre Hausarbeit,
  Bachelor- und Masterarbeit

- Ihr eigenes eBook und Buch -
  weltweit in allen wichtigen Shops

- Verdienen Sie an jedem Verkauf

Jetzt bei www.GRIN.com hochladen
und kostenlos publizieren

GRIN

Kevin Spitz

Das Jahrhundert der Pax Britannica

GRIN Verlag

Bibliografische Information der Deutschen Nationalbibliothek:

Die Deutsche Bibliothek verzeichnet diese Publikation in der Deutschen National-
bibliografie; detaillierte bibliografische Daten sind im Internet über http://dnb.d-
nb.de/ abrufbar.

Impressum:

Copyright © 2013 GRIN Verlag GmbH
Druck und Bindung: Books on Demand GmbH, Norderstedt Germany
ISBN: 978-3-656-51864-8

Dieses Buch bei GRIN:

http://www.grin.com/de/e-book/263014/das-jahrhundert-der-pax-britannica

GRIN - Your knowledge has value

Der GRIN Verlag publiziert seit 1998 wissenschaftliche Arbeiten von Studenten, Hochschullehrern und anderen Akademikern als eBook und gedrucktes Buch. Die Verlagswebsite www.grin.com ist die ideale Plattform zur Veröffentlichung von Hausarbeiten, Abschlussarbeiten, wissenschaftlichen Aufsätzen, Dissertationen und Fachbüchern.

Das Jahrhundert der Pax Britannica

von

Kevin Spitz

Ludwig-Maximilians-Universität München

„Der Verlust der amerikanischen Kolonien bedeutete nicht das Ende des britischen Überseereiches; im Gegenteil, es folgte nun die Blütezeit des klassischen britischen Empire, das zu Beginn des 20. Jahrhunderts auf dem Höhepunkt seiner Macht stand."

Zitiert nach Wende, Peter: *Das Britische Empire – Geschichte eines Weltreichs*, München 2008, S. 125.

Inhaltsverzeichnis

1. Vorwort   7

2. Begriffsdefinition   8

3. Militärwesen   10

4. Administrative Ordnung   16

5. Wirtschaftliche Organisation   20

6. Resümee   22

7. Quellen   25

8. Literatur   25

1. Vorwort

Das britische Kolonialreich befand sich im 19. Jahrhundert auf dem Höhepunkt seiner Weltmachtstellung: Von den karibischen Inseln bis nach Neuseeland, über *„einen Kontinent, hundert Halbinseln, fünfhundert Vorgebirge, tausend Seen, zweitausend Flüsse, zehntausend Inseln."* [1] reichten seine Besitzungen.

Auch der Einfluss des Empires auf die Innenpolitik eigentlich unabhängiger Staaten wie China, Argentinien oder Siam zu dieser Zeit machen sein Erbe in der heutigen Welt unverkennbar: Die englische Sprache und Kultur, das Militärwesen und das Rechtssystem sowie die Wirtschaftsordnung haben Einzug in den ehemaligen Kolonien gehalten.[2]

Des Weiteren trug Großbritannien durch seine Vormachtstellung wesentlich dazu bei, *„dass Europa und die Welt zwischen 1815 und 1914 hundert Jahre lang von der Katastrophe des großen Krieges verschont blieben."* [3] Die Epoche zwischen dem Wiener Kongress und dem Ausbruch des Ersten Weltkrieges wird deshalb auch als Pax Britannica bezeichnet.

Welche Strukturen standen hinter dieser Zeit des Friedens? In dieser Seminararbeit wird zuerst versucht, den Begriff Pax Britannica genauer zu definieren, bevor der Aufbau des Militärwesens, dann die administrative Ordnung und abschließend die wirtschaftliche Organisation des britischen Empire im 19. Jahrhundert näher untersucht werden.

Bei der Bearbeitung der Thematik waren vor allem die Werke von Klaus Hildebrand, Peter Wende und Jürgen Osterhammel von großer Hilfe: Letzterer ist mit seiner durchweg problemorientierten Einführung in die Geschichte der von Europa ausgehenden Kolonialherrschaft sowie ihren

---

[1] Hyam, Ronald: *The British Empire in the Edwardian Era*, in: Louis, William Roger: *Oxford History of the British Empire*, Oxford 1999, S. 48.

[2] vgl. Watts, Carl P.: *Pax Britannica*, in: Hodge, Carl Cavanagh: *Encyclopedia of the Age of Imperialism – 1800-1914*, Westport 2007, S. 547-50.

[3] Hildebrand, Klaus: *No intervention – Die Pax Britannica und Preußen 1865/66 – 1869/70 – Eine Unter-suchung zur englischen Weltpolitik im 19. Jahrhundert*, München 1997, S. 27.

unterschiedlichen Formen und vielfältigen Auswirkungen von Anfang an ein wichtiger Leitfaden gewesen. Klaus Hildebrands Werk zur Geschichte des klassischen Empire und dessen Auflösung akzentuierte die Darstellung auf das 19. Jahrhundert während Peter Wendes Studie diese Arbeit durch Ihre ausführliche Darstellung der Strukturen des Weltreiches sowie die Rolle der Peripherie ergänzte.

2. Begriffsdefinition

Beginnt man eine Untersuchung der Pax Britannica mit einer grundlegenden Definition, wird man zuerst in den umfangreicheren Enzyklopädien fündig: So war die Pax Britannica laut The Oxford English Dictionary eine durch die britische Seeherrschaft etablierte Periode relativen Friedens in Europa und der Welt zwischen 1815 und 1914,[4] also zwischen dem Wiener Kongress – der das Ende der napoleonischen Kriege besiegelte – und dem Ausbruch des Ersten Weltkrieges.

Diese allgemein gehaltene Definition wurde bereits auf der vorigen Seite mit dem Verweis auf Klaus Hildebrand, *„dass Europa und die Welt [...] hundert Jahre lang* [nur] *von der Katastrophe des großen Krieges verschont blieben.“* eingegrenzt, es also durchaus zu „kleineren“ Konflikten kam. Wie „friedlich“ dieses Jahrhundert also tatsächlich war, wird in dem darauf folgenden Kapitel näher behandelt.

Der erste belegte Gebrauch des Begriffes „Pax Britannica“ findet sich bei einer Darstellung der Burenkriege aus dem Jahr 1905,[5] man kann also anhand der Quellenlage davon ausgehen, dass dieser Begriff nicht zeit-genössisch verwendet wurde, sondern erst im Nachhinein in der Rückschau und in Kenntnis der Gegebenheiten des 19. Jahrhunderts entstand.

Des Weiteren fällt bei der Namensgebung dieser Epoche die Nutzung der lingua latina und der bewusste Verzicht auf das Modern-English-

---

[4] vgl. Simpson, John und Weiner, Edmund: *The Oxford English Dictionary* (2. Auflage), Oxford 1989, S. 571.
[5] vgl. Fletcher-Vane, Francis Patrick: *Pax Britannica in South Africa*, London 1905.

Äquivalent „British Peace" auf. Kann man das Britische Empire mit der Pax Britannica in die Nachfolge des antiken Römischen Imperiums und der Pax Romana stellen? Lassen sich die Briten vielleicht sogar als „Römervolk der Neuzeit" bezeichnen, wie es Heinrich von Treitschke 1858 [6] schrieb?

„Vom Standpunkt einer eurozentrischen Geschichtsschreibung aus gesehen, die mit guten Argumenten in der Expansion Europas den entscheidenden Faktor für den Prozess der Formierung der heutigen Welt erblickt, kommt der Geschichte des britischen Imperiums eine herausragende Bedeutung zu, in vielem vergleichbar der Roms für die Geschichte der Mittelmeerwelt der Antike." [7]

Zudem erhoben beide Reiche den Anspruch auf eine Führungsrolle in der Welt, welche sie durch ihre militärische, wirtschaftliche und zivilisatorische Vormachtstellung begründeten. Kulturen und Nationen, die sich dieser Herrschaft nicht beugten, mussten mit der Anwendung institutionalisierter, wirtschaftlicher und gegebenenfalls militärischer Gewalt rechnen.

Es finden sich aber auch deutliche Unterschiede zwischen den beiden Imperien: Während Rom Jahrhunderte über die damals bekannte Welt herrschte, war London nur ansatzweise für eine kurze Zeitspanne im 19. Jahrhundert zugleich Weltmacht im Sinne einer unbestrittenen Hegemonialmacht. Außer Australien und Neuseeland besaß Großbritannien auf keinem Kontinent ein konkurrenzloses imperiales Monopol, stattdessen musste es sich bemühen, rivalisierende Großmächte im Zaum zu halten.[8]

Auch wenn das römische Reich weitaus länger als das britische bestand

---

[6] Treitschke, Heinrich von: *Die Grundlagen der englischen Freiheit*, in: Haym, Rudolf: *Preußische Jahrbücher* (Band 1), Berlin 1858, S. 368.

[7] Wende, Peter: *Das Britische Empire – Geschichte eines Weltreichs*, München 2008, S. 325.

[8] vgl. Osterhammel, Jürgen: *Die Verwandlung der Welt – Eine Geschichte des 19. Jahrhunderts* (2. Auflage), München 2009, S. 660.

und die Geschlossenheit und Größe seines Machtbereichs im Rahmen der damals erschlossenen Welt die des Empires übertraf, verkörperte das Jahrhundert der Pax Britannica dennoch eine erstaunliche Zeitspanne – insbesondere angesichts der mit Beginn der Neuzeit einsetzenden allgemeinen Beschleunigung der demographischen, technischen und damit auch generellen historischen Entwicklung.[9]

Des Weiteren ist auch das britische Erbe, also *„das Ausmaß, in dem es die Welt veränderte und deren Zukunft prägte"* [10] mit dem römischen vergleichbar. Ohne dabei so weit zu gehen wie einige moderne britische Historiker, die ihre Darstellungen der Geschichte des Empire mit Untertiteln versehen wie *„How Britain Made the Modern World"* oder *„Making a British World".*[11] lassen sich die heutige Grenzen sowie die politischen Verfasstheiten zahlreicher außereuropäischer Staaten damit begründen, dass sie einmal Teil des Empire waren. Auch die Bevölkerungen vieler Staaten tragen den Stempel der britischen Herrschaft: Neben den britischen Migrationsströmen schufen unter anderen auch die Nachfahren der als Sklaven verkauften Afrikaner, die auf britischen Schiffen nach Amerika und Karibik transportiert wurden, sowie die chinesischen und indischen Wanderarbeiter neue Gesellschaften und auch Nationalitätenkonflikte als Hinterlassenschaft des Empires.[12]

3. Militärwesen

Wie bereits angemerkt, war das 19. Jahrhundert keineswegs so friedlich, wie es die Bezeichnung Pax Britannica evoziert: So kam es in dem Zeitraum zwischen 1815 und 1914 neben historischen Auseinandersetzungen wie dem amerikanischen Sezessionskrieg von 1861 bis 1865 auch zu Konflikten zwischen Großmächten wie im Deutsch-Französischen

---

[9] vgl. Wende: *Empire*, S. 325.
[10] Ebd., S. 326.
[11] Ferguson, Niall: *Empire – How Britain made the Modern World*, London 2003.
   Nasson, Bill: *Britannia's Empire – Making a British World*, Stround 2004.
[12] vgl. Wende: *Empire*, S. 326.

Krieg in den Jahren 1870 bis 1871.[13]

Da diese Kriege allerdings immer lokal begrenzt waren und keine größeren Ausmaße annahmen – wie es zum Beispiel noch bei den napoleonischen Kriegen der Fall war – ist die Aussage, dass es in dieser Zeit keine „großen Kriege" gab, dennoch haltbar.

Dass diese räumlich begrenzten Kriege dafür keine Ausnahme waren, zeigt ein Blick in die durch Militärinterventionen und Kolonialkriege gezeichnete britische Geschichte. Es gab Konflikte über Landrechte in Siedlungskolonien, wie dem Maori-Krieg in Neuseeland, sowie kommerzielle Kriege zur Öffnung neuer Märkte oder deren Bewahrung, wie den Opium-Kriegen in China:

> *„It may be true [...] that Trade ought not to be enforced by Cannon Balls, but on the other hand Trade cannot flourish without security, and that security may often be unattainable without the Protection of physical force."* [14]

Zudem gab es die gewaltsame Niederschlagung von Rebellionen, wie dem Sepoy-Aufstand in Indien, und auch reguläre militärische Konflikte.[15] Letztere trug Großbritannien hauptsächlich mit dem zaristischen Russland aus, das im 19. Jahrhundert der einzige ernstzunehmende Rivale für das Empire war. Im sogenannten „Great Game" versuchten beide Großmächte jahrzehntelang das Machtvakuum in Zentralasien auszufüllen, das nach der Schwächung des Osmanischen Reiches sowie der persischen und chinesischen Dynastien entstanden war.[16] Während der 64-jährigen Regentschaft Königin Victorias fanden zahlreiche Feldzüge statt, wobei es sich – abgesehen vom Krimkrieg 1853

---

[13] vgl. Watts: *Pax Britannica*, S. 547-550.
[14] Newbury, Colin Walter: *British Policy towards West Africa – Select Documents 1786-1874*, Oxford 1992, S. 120.
[15] vgl. Jackson, Ashley: *The Colonial Empire an Imperial Defence*, in: Kennedy, Greg: *Imperial Defence –The Old World Order 1856-1956*, London 2008, S. 234-250.
[16] vgl. Osterhammel: *Verwandlung*, S. 649.

bis 1856, der ebenfalls in das „Great Game" fällt – nicht um Auseinandersetzungen zwischen Großmächten handelte, sondern um begrenzte militärische Aktionen in Übersee zur Machtdemonstration und Herrschaftsfestigung des Mutterlandes in der Peripherie.

Auch unter den liberalen Regierungen des 19. Jahrhunderts war Großbritannien jederzeit bereit und in der Lage, seine *„ökonomischen und strategischen Interessen mit militärischer Gewalt durchzusetzen. Hätte in London, wie im antiken Rom, ebenfalls ein Janustempel gestanden, dessen Tore in Zeiten des Krieges stets geöffnet sein mussten, er wäre im 19. Jahrhundert nur selten geschlossen gewesen."* [17]

Bei europäischen Konflikten dagegen enthielt sich Großbritannien so weit wie möglich. Nach Napoleon war es das erklärte Ziel der Briten, den Zustand von 1815 beizubehalten und einen neuen europäischen Hegemon zu verhindern.[18] Solange dieses Ziel und die britischen Interessen nicht gestört waren, sah das Empire nur selten Grund zur Beteiligung oder zu Bündnissen, welche schwerwiegende vertragliche Verpflichtungen zur Folge gehabt haben könnten.[19]

Betrachtet man die britischen Landstreitkräfte, lässt sich ein deutliches Wachstum im Verlauf des 19. Jahrhunderts erkennen: Um das Jahr 1829 verfügte das Heer über rund 110.000 Soldaten, im Jahr 1898 waren es schon knapp 215.000.

Während manche Garnisonen wie Kanada oder die karibischen Inseln bis zu vier Fünftel ihrer Mannschaften verloren, profitierte die Insel Großbritannien von den zusätzlichen Männern – hier wurde die Truppenstärke beinahe verdoppelt.[20]

Dasselbe gilt für Indien, hier kamen aber zusätzlich zu den britischen Soldaten noch einheimische Krieger zum Einsatz, welche allerdings nicht in der britischen Truppenstärke erfasst wurden. Mit bis zu 180.000

---

[17] Wende: *Empire*, S. 133.
[18] vgl. Darwin, John: *The Empire Project – The Rise and Fall of the British World-System – 1830-1970*, Cambridge 2009, S. 352.
[19] vgl. Hildebrand: *No intervention*, S. 48.
[20] vgl. Porter, Andrew: *Atlas of British Overseas Expansion*, London 1991, S. 34-65.

Soldaten stellten die indischen Krieger faktisch mehr als zwei Drittel der britischen Garnisonstruppen in Übersee und gleichzeitig das ganze 19. Jahrhundert über eines der größten stehende Heere dar.[21] Dadurch konnten sie gleich mehrere Funktionen erfüllen: Zum einen hielten sie das riesige Indien zusammen, zum anderen fungierten sie als Einsatztruppe für koloniale Vorstöße in andere Teile Asiens und Afrikas. Zudem übernahmen sie auch eine Polizeifunktion in der internationalen Niederlassung von Shanghai.[22]

Ein großer Vorteil der indischen Truppen lag des Weiteren in ihrer Finanzierung: Diese musste von den indischen Steuerzahlen selbst aufgebracht werden, deshalb sagte der konservative Premierminister Lord Salisbury einmal zurecht, Indien sei eine *„english barrack in the Oriental Seas from which we may draw any number of troops without paying for them."* [26]

Trotz des Truppenwachstums war das britische Heer verhältnismäßig klein: Das deutsche Heer verfügte zur selben Zeit über etwa dreimal so viele, die französische Armee sogar über vier Mal so viele Männer wie die Briten.[24] Dies lag dem Prinzip „no standing armies" zu Grunde, da große Truppenverbände an einem Ort und unter einem Kommando immer wieder dazu genutzt wurden, um ohne vorherige Genehmigung aus London Kriege zu führen, wie es bei Cecil Rhodes in Südafrika oder einigen indischen Gouverneuren der Fall war: *„Eine allzu stattliche Präsenz von Kolonialtruppen an allen Ecken des Weltreiches vermochte die eigenen Repräsentanten vor Ort [...] zu riskanten Abenteuern geradezu einzuladen."* [25]

Großbritannien verfügte also im 19. Jahrhundert nicht über die militärischen Kapazitäten, die ein „Weltpolizist" nötig gehabt hätte, um

---

[21] vgl. Watts: *Pax Britannica*, S. 547-50.
[22] vgl. Osterhammel: *Verwandlung*, S. 651.
[23] Watts: *Pax Britannica*, S. 547-50.
[24] vgl. Ferguson: *Modern World*, S. 247.
[25] Hildebrand: *No intervention*, S. 44.

sich die Landmassen der Erde zugänglich zu machen. Durch seine Seeherrschaft konnte Großbritannien dennoch als Gendarm der Meere auftreten und gleichzeitig auf umfangreiche Landtruppen verzichten.[26]

Das Empire wurde mit dem Sieg Nelsons über die vereinigte französisch-spanische Flotte bei Trafalgar im Jahr 1805 Besitzer der letzten weltweit operationsfähigen Kriegsflotte.[27] Diese auf See uneingeschränkte Dominanz festigten die Briten weiter durch den systematischen Ausbau eines globalen Netzes an maritimen Stützpunkten.

Auch auf dem Wiener Kongress sicherte sich Großbritannien strategisch günstige Inseln wie Ceylon, Malta, die Seychellen sowie das Kap der Guten Hoffnung.[28] Später ergänzten Stützpunkte wie Gibraltar, Zypern sowie schließlich Ägypten mit seinem Suez-Kanal die Sicherung des Seeweges nach Indien und China, während die Inselgruppen im Pazifik, wie Tonga oder die Fidschi-Inseln, zur Absicherung des australischen Kontinents dienten.[29] Dementsprechend stieg auch die Zahl der Schiffe stark an: Im Jahr 1848 verfügte die Royal Navy über 241 Schiffe, die rund 34.000 Seeleute als Besatzung benötigten. Fünfzig Jahre später im Jahr 1898 waren es 339 Schiffe, die 97.000 Seeleute erforderten.[30] Diese zusätzlichen Schiffe kamen vor allem im Mittelmeer und rund um das Kap der Guten Hoffnung zum Einsatz.[31]

Großbritannien trat während des gesamten 19. Jahrhunderts für das Prinzip des „mare liberum" ein und nutzte die Position als dominierende Seemacht in der Regel um Verkehrswege offen zu halten sowie Blockaden zu verhindern. Nur sehr selten störte die Flotte den Seeverkehr aus strategischen Gründen oder um den Handel von Nicht-Briten zu beeinträchtigen.[32]

---

[26] vgl. Osterhammel: *Verwandlung*, S. 651-661.
[27] vgl. Ebd., S 650.
[28] vgl. Wende: *Empire*, S. 126.
[29] vgl. Ebd., S. 220f.
[30] vgl. Darwin: *Empire Project*, S 231.
[31] vgl. Porter: *Atlas*, S. 76.
[32] vgl. Osterhammel: *Verwandlung*, S 650.

Generell wurde die Royal Navy sehr sparsam genutzt und manchmal sogar auf ihren Einsatz verzichtet: „*Großbritanniens Kriegsmarine intervenierte keineswegs überall dort, wo irgendetwas den eigenen Interessen entgegenlief oder wo auf der Erde ein Unrecht geschah, das den Weltpolizisten, sofern sich Großbritannien je in dieser Rolle sah, hätte auf den Plan rufen können.*" [33]

Die britische Flotte sollte Kriege durch ihre Existenz verhindern, also in ihrer psychologischen Wirkung wie ein Damoklesschwert abschreckend auf die anderen Mächte wirken und diese von schwerwiegenden Attacken auf die seit Jahrhunderten gefürchtete britische Flotte abhalten – ein Konzept, das bis auf den Krimkrieg auch zuverlässig wirkte und seinen Anteil daran hatte, dass Großbritannien bis zum Beginn des Ersten Weltkrieges von keiner anderen Großmacht mehr ernsthaft herausgefordert wurde. [34]

Um seine maritime Dominanz zu behaupten, musste Großbritannien dafür auch in Friedenszeiten die Stärke seiner Seestreitkräfte nicht nur erhalten, sondern noch aufrüsten und modernisieren. [35]

Im Jahr 1830 wurde das Erste mit Dampfkraft betriebene Kriegsschiff der königlichen Marine in Dienst genommen, und nur zehn Jahre später begannen neue Schiffe mit Schraubenantrieb die schwerfälligen Raddampfer abzulösen. Zudem erforderte die Erfindung der Sprenggranate, die an die Stelle der massiven Artilleriekugel trat, eine aufwendigere Panzerung als sie die bis dahin hölzernen Schiffe vorweisen konnten. [36]

Im Oktober 1861 lief deshalb die Erste mit einem eisernen Rumpf versehene Fregatte vom Stapel und im Jahr 1881 dann das erste moderne Schlachtschiff, bei dem man auf jede Form von Segeln völlig verzichtete. Dadurch gewannen die maritimen Stützpunkte in Übersee als Kohlestationen für die in ihrer Reichweite begrenzten Dampfschiffe zusätzlich an

---

[33] Hildebrand: *No intervention*, S. 29.
[34] vgl. Ebd., S. 29-45.
[35] vgl. Mahan, Alfred: *The Influence of Sea Power upon History*, Boston 1898, S. 82ff.
[36] vgl. Wende: *Empire*, S. 126.

Bedeutung. Schließlich garantierten insgesamt einhundertfünfzig Marine-basen die weltweite Einsatzbereitschaft der britischen Marine.[37]

Im Jahr 1897 gab es erstmals seit langem die Situation, das Großbritannien über weniger Schlachtschiffe verfügte als die übrigen Großmächte zusammengenommen. Die britische Admiralität legte daher das bisherige Konzept ab, durch weltweit stationierte Flotteneinheiten das globale britische Handelsnetz zu schützen. Stattdessen verfolgte man nun das Ziel, durch die Ballung der eigenen Seestreitkräfte in heimischen Gewässern stets in der Lage zu sein, die Flotte möglicher europäischer Rivalen ent-scheidend zu schlagen und so die Vorherrschaft zu sichern.

Zwei Jahre später verabschiedete das Parlament unter der konservativen Regierung Lord Salisburys den „Naval Defence Act", in dem das Ziel deklariert wurde, das die Zahl der britischen Kriegsschiffe mindestens der Summe der beiden nächst stärkeren Seemächte zu entsprechen habe – es war die Geburtsstunde des „two-power-standard".[38]

4. Administrative Ordnung

Gegen Ende des 19. Jahrhunderts umfasste das britische Empire über ein Viertel der Erdoberfläche und ein Fünftel der damaligen Weltbevölkerung, also circa 400 Millionen Menschen.[39]

Die Kontrolle dieser Land- und Menschenmasse war trotz der zentralen Rolle von Marine und Heer, sowie des gelegentlichen Einsatzes militärischer Macht nicht allein auf diesem Fundament – oder dem Umstand, dass eine Seeherrschaft den Völkern oftmals erträglicher vorkommt als eine territoriale Hegemonie – gegründet.[40]

---

[37] vgl. Wende: *Empire*, S. 128.
[38] vgl. Ebd., S. 216.
[39] vgl. Ebd., S. 125.
[40] vgl. Hildebrand: *No intervention*, S. 29.

Auch eine effiziente Verwaltung, die daran angeschlossenen Institutionen sowie deren Symbolkraft bildeten ein wichtiges Herrschaftsinstrument und Stütze der imperialen Macht Großbritanniens. So stellte zum Beispiel ab dem Jahr 1866 das erste Überseekabel die Verbindung zwischen Kanada und dem Mutterland Großbritannien her, und schon kurz nach der Jahrhundertwende bildete London das Zentrum eines weltweiten, 121.000 Meilen umfassenden Nachrichtennetzes.[41]

Dabei ist allerdings zu beachten, dass nur selten eine rigorose administrative Kontrolle ausgeübt wurde. Vielmehr versuchte Großbritannien, Einfluss auf das Denken und Handeln der Bevölkerungen und deren Regierungen zu nehmen.[42]

Zudem beschränkte sich das Empire auf die Aufrechterhaltung der Ordnung, der Grenzsicherung sowie dem Steuereintreiben und verzichtete des Weiteren auf tiefergehende Eingriffe in die jeweiligen Zustände vor Ort. Dieses Verhalten sicherte den Bestand der britischen Besitzungen und war sicherlich durch die Erfahrungen des indischen Aufstands aus dem Jahr 1857 mit geprägt.[43]

Generell kann man bei der britischen Politik im 19. Jahrhundert eine aus Erfahrung gewonnene, konsequente Weiterentwicklung und Fixierung bereits vorhandener Tendenzen beobachten: Geprägt durch das außenpolitische Ziel, den Zustand von 1815 beizubehalten und einen neuen europäischen Hegemon durch die „balance of power" zu verhindern, nutzte Großbritannien mit dem Prinzip der „splendid isolation" seine Insellage, um den Handel und das Empire möglichst ohne Kriege auszubauen.

Aus den europäischen Konflikten hielt sich das Empire in der Regel vollständig heraus, ebenso ging es Bündnisse und die damit verbundenen, möglicherweise fatalen Verpflichtungen nur selten ein.[44] Der Frieden war also *„weniger von prinzipiellen als vielmehr von realistischen Über-*

---

[41] vgl. Wende: *Empire*, S. 212.
[42] vgl. Hildebrand: *No intervention*, S. 28.
[43] vgl. Wende: *Empire*, S. 226.
[44] vgl. Osterhammel: *Verwandlung*, S. 656.

zeugungen geprägt."[45]

Bei der Größe und Gestalt des britischen Weltreiches lässt sich dagegen schwerer ein globales Konzept finden, da zu unterschiedlichen Zeiten meist verschiedene Motive und Akteure wirkten. Nur selten ging der Anstoß für weitere Annexionen oder Koloniegründungen von der jeweiligen Regierung in London aus. Häufiger waren es die Aktionen von einzelnen oder Gruppierungen an der Peripherie, die zu weiteren Eroberungen führten: Beispiele hierfür finden sich bei den Generälen und Gouverneuren in Indien oder Männern wie Cecil Rhodes in Afrika.[46]

Zum inneren Zusammenhalt des Empire trugen das überdurchschnittliche Bevölkerungswachstum auf den Britischen Inseln sowie die ungewöhnlich große Bereitschaft zur Emigration bei: So wurden etwa ab dem Jahr 1820 die Buren zunehmend durch britische Einwanderer aus der Kapkolonie verdrängt, die dadurch Ihren Anteil an der Schaffung eines kulturell kohärenten, durch Sprache, Religion und Lebensweise vereinten British Empire trugen.[47]

Auch die englische Politik erkannte diese Methode zur Sicherung der Kolonien an – so deklarierte Edmund Burke vor dem Unterhaus am 22. März 1775: *„Mein Mittel, die Kolonien festzuhalten, ist die enge Bindung, die aus gemeinsamen Namen, aus verwandtem Blut, aus ähnlichen Freiheitsrechten und aus gleichem Schutz hervorwächst."* sowie *„Dies sind Bande, die, obwohl sie so leicht wie die Luft sind, dennoch die Stärke von eisernen Fesseln besitzen."*[48]

Großbritannien legte allerdings nicht nur imaginäre „Fesseln" an. Ganz im Gegenteil verloren viele Menschen knapp fünfzig Jahre nach der Deklaration von Edmund Burke ihre Ketten: Im Jahr 1833 erließ das

---

[45] Hildebrand: *No intervention*, S. 34.
[46] vgl. Wende: *Empire*, S. 133f.
[47] vgl. Osterhammel: *Verwandlung*, S. 649f.
[48] Burke, Edmund: *Speeches and Letters on American Affairs*, London 1908, S. 139.

Parlament den „Slavery Abolition Act", welcher die Sklaverei verbot, und nur ein Jahr später erhielten sämtliche Sklaven im Britischen Empire die Freiheit. Zur Umsetzung dieser Beschlüsse wurde sogar die Royal Navy eingesetzt, indem etwa im Jahr 1847 zweiunddreißig Schlachtschiffe vor der Küste Westafrikas mit der Unterdrückung des Sklavenhandels beauftragt waren.[49]

Dies alles führte zu einem *„selten bezweifelten Glauben an die Überlegenheit britischer Institutionen* [die] *der Welt ein Vorbild an politischer Kultur, industriellem Fortschritt, wirtschaftlichem Wachstum und freiheitlicher Zivilisation"* sein sollten.[50]

Britische Zeitgenossen, wie etwa Cecil Rhodes, drückten ihre Glauben sehr deutlich aus: *„Die Briten sind die Rasse mit den besten Eigenschaften, und je mehr wir von der Welt in Besitz nehmen, umso besser ist es um die Zukunft der Menschheit bestellt."* [51]

Auch Gelehrte wie Charles Darwin empfanden ähnlich: *„Es ist mir unmöglich, ohne großen Stolz und erheblicher Befriedung Siedlungskolonien wie Australien und Neuseeland zu betrachten. Die britische Fahne zu hissen, scheint als sichere Folge Reichtum, Wohlstand und Zivilisation nach sich zu ziehen."* [52]

Gerade dieser Wohlstand und Reichtum sollte attraktiv auf die übrigen Zeitgenossen wirken und sie von den Vorteilen einer Pax Britannica überzeugen: Großbritannien gewährleistete nicht nur Recht und Ordnung auf den Weltmeeren – etwa indem es die Piraterie bekämpfte – sondern auch die Sicherheit des Eigentumsrechtes, die Freizügigkeit der Migration, ein egalitäres und generalisiertes Zoll- und Währungssystem sowie die Freihandelsordnung, deren Nutzungen nicht an die britische Staats-

---

[49] vgl. Watts: *Pax Britannica*, S. 547-50.
[50] Hildebrand: *No intervention*, S. 28.
[51] Cannadine, David: *Ornamentalism – How the British saw their Empire*, Oxford 2001, S. 5.
[52] Darwin, Charles: *Die Fahrt der Beagle* (dt. Übersetzung der 2. Aufl. von 1845), Hamburg 2006, S. 569f.

bürgerschaft gebunden waren.[53]

5. Wirtschaftliche Organisation

Am Beginn des imperialen Aufstieges Großbritanniens standen viele wirtschaftliche Faktoren, etwa der Niedergang der niederländischen Handelshegemonie und die kommerziellen Erfolge der East India Company.[54]

Aber auch gezielte politische Entscheidungen wie der Verzicht auf wertvolle Inseln beim Wiener Kongress standen im direkten Bezug zu ökonomischen Überlegungen: *„Generell gilt, dass im 19. Jahrhundert der merkantile Charakter des Empire hinter den machtpolitischen Anspruch zurücktrat. […] man verzichtete auf wirtschaftlich profitable Eroberungen, wie die holländischen Kolonien in Indonesien […] Java wurde 1816 an Holland zurückgegeben, während Singapur und Malakka wegen ihrer seestrategischen Bedeutung in britische Herrschaft übergingen.“* [55]

Die Erweiterung der Übersee-Besitzungen nach machtpolitischen anstatt wirtschaftlichen Aspekten führte auch zu Kritik: So bemängelte Margaret Thatcher in ihren Memoiren *„die trügerische Macht eines Empire, das bis 1919 fortfuhr zu expandieren, aber für dessen Verteidigung mehr aufzubringen war, als es zum nationalen Wohlstand beitrug.“* [56]

Dennoch sicherte diese Entscheidung zugunsten der maritimen Herrschaft beim Wiener Kongress auch die wirtschaftliche Stärke Großbritanniens: Die Freihandelspolitik des Vereinigten Königreiches erforderte den unbeschränkten globalen Handel nach Adam Smith, also einen relativen Frieden, der durch eine militärische Absicherung mit getragen werden musste. Ein Verzicht auf strategische Stützpunktkolonien zugunsten von unmittelbaren ökonomischen Vorteilen hätte dem britischen Wirtschaftssystem in der nachfolgenden Zeit ungleich mehr geschadet.

---

[53] vgl. Osterhammel: *Verwandlung*, S. 654-661.
[54] vgl. Ebd., S. 649.
[55] Wende: *Empire*, S. 126.
[56] Thatcher, Margaret: *The Downingstreet Years*, London 1995, S. 5.

Ein sicherer Freihandel trug dafür seinerseits einen Beitrag zur Vertiefung der Interdependenzen zwischen den Nationen: Den industriellen Fortschritt und das Wirtschaftswachstum des Empire vor Augen, brachten *„selbst die unterentwickeltsten Länder der Erde, weil sie nicht unentwickelt bleiben wollten [...] dem Handel mit Großbritannien [...] wachsendes Interesse entgegen."* [57]

Einen großen Anteil am Bestand der Pax Britannica und der britischen Weltmachtstellung hatte also auch das ökonomische Fundament Großbritanniens. [58]

Im 19. Jahrhundert stellte das Vereinigte Königreich die leistungsfähigste Volkswirtschaft der Welt dar: Die britische Schwerindustrie lieferte weltweit die meisten Schiffe, Eisenbahnen und Textilmaschinen, ferner drei Viertel der Welt-Stahl-, zwei Drittel der Welt-Kohle- sowie die Hälfte der Welt-Eisenproduktion. Als „workshop of the world" benötigte Großbritannien dementsprechend Absatzmärkte in Übersee. [59]

Der Transport dieser Güter erfolgte über maritime Handelsstraßen, die zudem den preiswertesten und leistungsfähigsten Transportweg darstellen, [60] und als solche von der britischen Handelsflotte – die bis ins 20. Jahrhundert über mehr Registertonnen als der Rest der Welt zusammen verfügte – genutzt wurden. [61]

Die Sicherung des freien Warenverkehrs und sein Schutz vor Piraten und Blockaden war als sogenanntes „mare liberum" das vorrangige Ziel Großbritanniens und die ursprüngliche Absicht hinter dem Anspruch auf eine militärische Vormachtstellung. Der englische Außenminister Edward Henry Stanley bilanzierte am Neujahrstag 1867 in seinem Tagebuch: *„Nothing except a war can check our prosperity."* [62]

---

[57] Hildebrand: *No intervention*, S. 30.
[58] vgl. Ebd., S. 47.
[59] vgl. Osterhammel: *Verwandlung*, S. 651.
[60] vgl. Mahan: *Sea Power*, S. 82ff.
[61] vgl. Watts: *Pax Britannica*, S. 547-50.
[62] Vincent, John: *Disraeli, Derby, and the Conservative Party: Journals and memoirs of Edward Henry, Lord Stanley, 1849-1869*, Hassocks 1978, S. 283.

6. Resümee

Zusammenfassend lässt sich feststellen, dass die Pax Britannica keinesfalls die Qualität einer völligen Ruhe hatte und zum Teil sogar durch militärische Konflikte konsolidiert wurde. Großbritannien verfügte im 19. Jahrhundert allerdings nicht über die notwendigen Kapazitäten, um als unbestrittener Hegemon aufzutreten: Während die Landstreitkräfte immer verhältnismäßig klein blieben, konnte nur die britische Marine mit ihren weltweiten Stützpunkten die nötige Präsenz zeigen und als Damoklesschwert andere Mächte von Zugriffen abhalten.

Diese Strukturierung des Militärs war ausreichend, um den wichtigen Handel zu sichern sowie das größte Kolonialimperium der Welt zu verteidigen und möglichst ohne einen Krieg zwischen den Großmächten vorsichtig zu erweitern.[63]

Durch die fehlende militärische Dominanz erforderten die imperialen Vormachtstellung des Vereinigten Königreiches und die Pax Britannica allerdings weitere sichernde Strukturen, ohne dass Großbritannien auf lokal begrenzte Machtdemonstrationen und der ständigen Drohung militärischer Interventionen verzichtet hätte.[64]

Das Gefüge des Empire postulierte zusätzlich die stillschweigende Akzeptanz und auch Kollaboration bei einer Mehrheit der Beherrschten, zumindest durch deren Eliten, sowie deren allmählichen Integration – auch, indem die britische Politik ihre Eingriffe vor Ort beschränkte und vielmehr Einfluss als Kontrolle ausübte.[65] Dadurch entstand mit der Zeit eine kulturell kohärente, durch Sprache, Religion und Lebensstil zusammengehaltene britische Welt.

Neben der freiheitlichen Zivilisation wirkten allerdings auch der industrielle Fortschritt sowie der wirtschaftliche Wohlstand Groß-

---

[63] vgl. Osterhammel: *Verwandlung*, S. 661.
[64] vgl. Hildebrand: *No intervention*, S. 32.
[65] vgl. Wende: *Empire*, S. 335f.

britanniens attraktiv auf viele Zeitgenossen. Das Vereinigte Königreich nutzte diese Situation, um einen starken bis dominierenden informellen Einfluss über die Grenzen des eigenen Kolonialreiches hinaus in Länder wie China oder in das Osmanische Reich auszuüben.[66]

Um die Interdependenzen zwischen den Nationen zu vertiefen – und vielmehr noch Absatzmärkte für die leistungsfähigste Volkswirtschaft des 19. Jahrhundert zu garantieren – spielte zudem die Freihandelspolitik eine tragende strukturelle Rolle. Der unbeschränkte globale Handel benötigte dabei zwingendermaßen einen relativen Frieden in der Welt, den Großbritannien aus pragmatischen Gründen zu sichern versuchte.

Dass die Überwachung der Balance zwischen den Mächten und das Verhindern von Kriegen in die Pax Britannica münden und Großbritannien in die Rolle eines Weltpolizisten bringen würde, ist also mehr als ein unbeabsichtigtes Ergebnis zu verstehen.[67]

---

[66] vgl. Osterhammel: *Verwandlung*, S. 661.
[67] vgl. Hildebrand: *No intervention*, S. 32.

7. Quellen

Burke, Edmund: *Speeches and Letters on American Affairs*, London 1908.

Darwin, Charles: *Die Fahrt der Beagle* (dt. Übersetzung der 2. Aufl. von 1845), Hamburg 2006.

Fletcher-Vane, Francis P.: *Pax Britannica in South Africa*, London 1905.

Mahan, Alfred: *The Influence of Sea Power upon History*, Boston 1898.

Newbury, Colin W.: *British Policy towards West Africa – Select Documents 1786-1874*, Oxford 1992.

Treitschke, Heinrich von: *Die Grundlagen der englischen Freiheit*, in: Haym, Rudolf: *Preußische Jahrbücher* (Band 1), Berlin 1858.

Vincent, John: *Disraeli, Derby, and the Conservative Party: Journals and memoirs of Edward Henry, Lord Stanley, 1849-1869*, Hassocks 1978.

8. Literatur

Cain, Peter und Hopkins, Antony: *British Imperialism – Innovation and Expansion 1688-1914*, London 1993.

Cannadine, David: *Ornamentalism – How the British saw their Empire*, Oxford 2001.

Darwin, John: *The Empire Project – The Rise and Fall of the British World-System – 1830-1970*, Cambridge 2009.

Ferguson, Niall: *Empire – How Britain made the Modern World*, London 2003.

Hildebrand, Klaus: *No intervention – Die Pax Britannica und Preußen 1865/66 – 1869/70 – Eine Untersuchung zur englischen Weltpolitik im 19. Jahrhundert*, München 1997.

Hyam, Ronald: *The British Empire in the Edwardian Era*, in: Louis, William Roger: *Oxford History of the British Empire*, Oxford 1999.

Jackson, Ashley: *The Colonial Empire an Imperial Defence*, in: Kennedy, Greg: *Imperial Defence –The Old World Order 1856-1956*, London 2008.

Münkler, Herfried: *Imperien – Die Logik der Weltherrschaft – Vom alten Rom bis zu den Vereinigten Staaten*, Berlin 2005.

Nasson, Bill: *Britannia's Empire – Making a British World*, Stround 2004.

Osterhammel, Jürgen: *Die Verwandlung der Welt – Eine Geschichte des 19. Jahrhunderts* (2. Auflage), München 2009.

Porter, Andrew: *The Oxford History of the British Empire – The Nineteenth Century*, Oxford 1999.

Porter, Andrew: *Atlas of British Overseas Expansion*, London 1991.

Rose, Andreas: *Zwischen Empire und Kontinent – Britische Außenpolitik vor dem Ersten Weltkrieg*, München 2011.

Simpson, John und Weiner, Edmund: *The Oxford English Dictionary* (2. Auflage), Oxford 1989.

Thatcher, Margaret: *The Downingstreet Years*, London 1995.

Watts, Carl P.: *Pax Britannica*, in: Hodge, Carl Cavanagh: *Encyclopedia of the Age of Imperialism – 1800-1914*, Westport 2007.

Wende, Peter: *Das Britische Empire – Geschichte eines Weltreichs*, München 2008.